ARRIVÉE DES NAVIRES HOLLANDAIS A FORMOSE EN 1624.

(D'après une gravure du temps.)

L'ILE FORMOSE

I

L'île Formose, que les Chinois appellent T'aï-ouan (la terrasse), et les Japonais Taka-sago (sables élevés), doit aux voyageurs portugais qui parcoururent au XVe siècle les mers de Chine et du Japon le nom sous laquelle nous la désignons : *Formosa (Hermosa)*: *la Belle*. Située au sud-ouest de la province chinoise du Fou-Kien, elle n'en est séparée que par un détroit de 75 à 120 milles qui renferme l'archipel des Pescadores. Longue de 390 kilomètres environ sur une largeur ne dépassant pas 150 kilomètres, elle mesure approximativement 38,803 kilomètres carrés de superficie totale. Elle appartient, géologiquement, à la ligne volcanique qui comprend toutes les îles asiatiques de l'océan Pacifique et qui prend naissance au Kamtchatka pour finir à la péninsule Malaise. Résultat d'une éruption sous-marine chassant devant elle quelques roches primitives, il est probable qu'elle a surgi, à une époque encore inconnue, au-dessus des eaux dans les mêmes conditions que Santorin dans les Cyclades et Sabrina dans les Açores. Actuellement les tremblements de terre y sont peu fréquents et peu dangereux ; les cratères, presque entièrement éteints, ne forment plus que des solfatares, certains pics dégageant des *fumerolles* qui s'échappent des crevasses du sol en colonnes blanches de huit à dix mètres de haut, sulfureuses et sulfhydriques. Sur le pic de Vulcain, à 4.330 mètres d'altitude, jaillissent des *geysers* (sources d'eau bouillante).

L'île est partagée en deux par une grande chaîne de montagnes, coupée elle-même par d'autres petites chaînes secondaires. Le massif central (Tà-chan, grande montagne) se dirige du nord au sud, et des branches latérales y tombent perpendiculairement et se correspondent souvent de part et d'autre. A l'extrémité septentrionale de la masse, les branches deviennent plus fournies, plus divergentes, et forment la patte d'oie. Parmi les sommets les plus importants sont le Mou-kang-chan (mont boisé), au nord du district de Taï-ouan; le Tà-kang-chan (grande montagne) qui de loin ressemble à un mur et que les Chinois comparent à un saint couché; le Kouan-yn-soan (montagne de la déesse Kouan-yn), ressemblant à l'image de cette divinité assise, et entouré de hauteurs moins élevées appelées Lô'-han (Sages), cortège de la déesse; les Tà-toun, beaucoup plus hauts que le Kouan-yn, et à l'extrémité desquels on voit encore des cratères; le Tchaô-soan (pic de Vulcain), la plus haute montagne de Formose, d'une ascension difficile, comprenant plusieurs cratères éteints et offrant, de son sommet, une vue splendide sur la plus grande partie du nord de l'île, sur la mer, la belle plaine de Banka, avec, dans le lointain, les chaînes couvertes de forêts vierges du centre couronnées par le mont Sylvia (3,766 mètres environ). Nommons encore les montagnes de Kiloung, au nord-est. le Foung-chan, qui a la forme d'un phénix volant, le Koueï-leï-chan (mont des Marionnettes), habité par les sauvages. le Tà-vou-man-chan (sommet du Grand-Heros), le Yu-chan ou mont Morrison (4.280 mètres), dont la cime neigeuse réfléchit les rayons du soleil et fait croire qu'elle est d'argent. C'est devant ce pic que s'étend la vaste plaine, entourée d'un cercle de collines boisées, appelée Po-lè-sia. A la pointe méridionale est le promontoire Gou-soua (cap Sud), dont les deux pics principaux, dissimulés derrière des nuages, servent, disent les légendes chinoises, de siège à deux esprits, l'un habillé de rouge. l'autre de blanc, jouant aux échecs et ayant entre eux une grande pierre plate représentant l'échiquier.

Les cours d'eau sont nombreux ; mais, à l'exception de quelques rivières navigables toute l'année par les bateaux à fond plat, la plupart offrent plutôt le caractère de torrents se répandant pendant la saison des pluies dans les plaines avoisinantes, et, le reste du temps, si bien à sec que les indigènes en suivent le lit pour se rendre d'un endroit à l'autre. Peu de lacs. et tous petits.

Les deux côtes est et ouest font contraste: à l'est, des rochers escarpés, arides, sauvages. une mer profonde, peu d'abris sûrs pour les navires, une immense muraille de hauteurs à pic se prolongeant sur une longueur d'au moins deux degrés et demi; à l'ouest, au contraire, des alluvions, des *bancs* découpés. des fonds qui pourraient être favorables à l'échouement des bâtiments, si l'inertie des autorités locales ne laissait s'ensabler graduellement les ports et les havres (Tà-kaô, Taï-ouan, Tamsoui, Kiloung), qui deviendront, avec le temps, impraticables à la navigation, au point que pour avoir un mouillage sûr il faudra aller aux Pescadores.

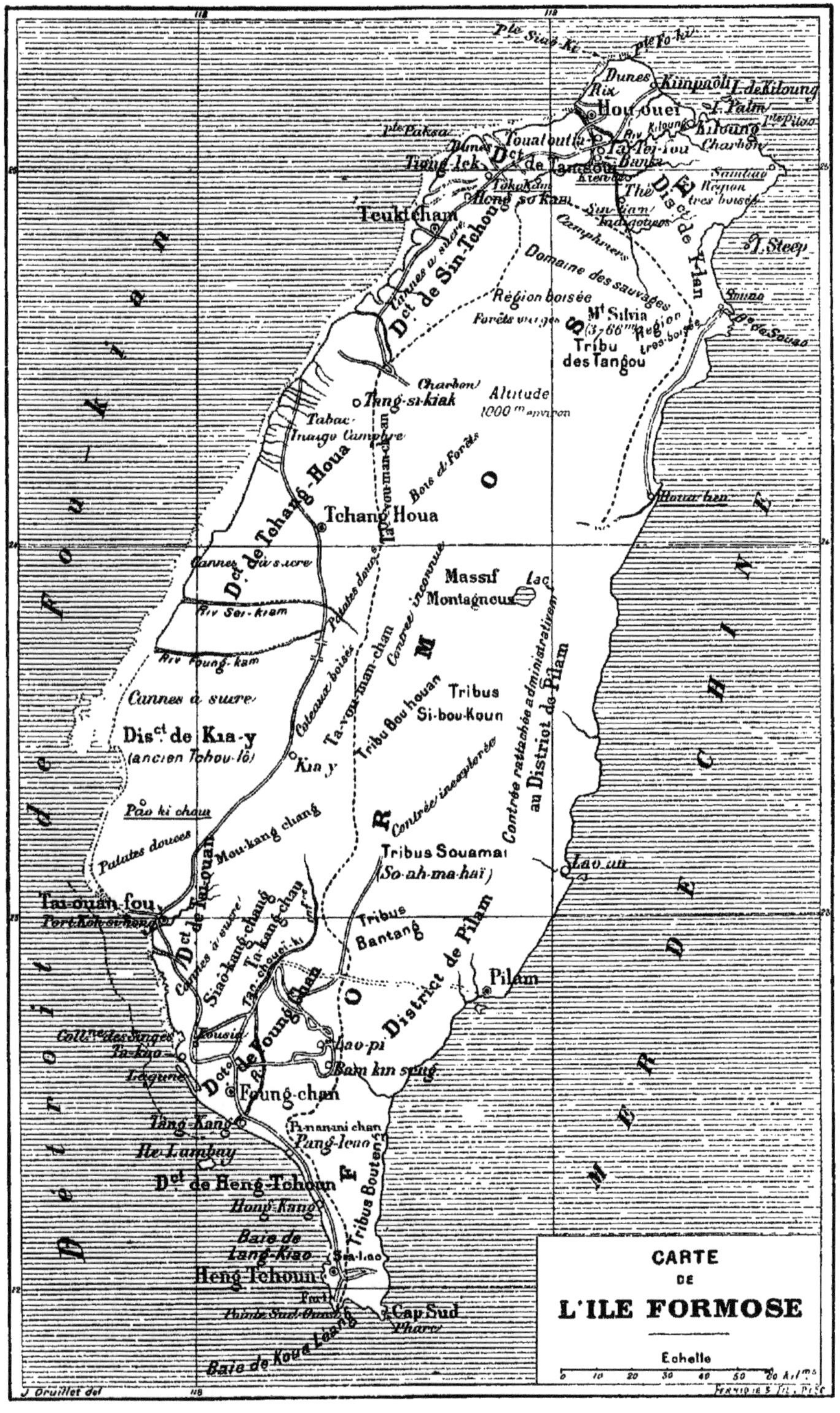
CARTE
DE
L'ILE FORMOSE
Echelle
0 10 20 30 40 50 60 kilm.
Détroit de Fou-kien
MER DE CHINE
J. Gruillet del

***

Formose, qui sous l'administration chinoise dépendait du Fou-Kien (*fou*, préfecture) et qui était divisée en districts ou *chien*, a pour capitale Taï-ouan (Taï-ouan-Fou), ituée sur la côte occidentale, à quatre milles dans les terres « La ville es , semblable à toutes les cités chinoises. Les rues principales se coupent à angle droit ; pendant sept ou huit mois de l'année, on tend des toiles par-dessus, à cause de l'extrême chaleur Ces rues ont de trente à quarante pieds de large. La plupart sont garnies de maisons de marchands et de boutiques très rapprochées dans lesquelles tout ce qui est à vendre est disposé avec beaucoup d'ordre et même d'élégance. Les maisons sont généralement en bambou ou en terre, quelques-unes en briques, couvertes en paille ou en toile. Les principaux édifices sont les *yà-men* (Yà-meun) ou prétoires du Tao-taï, du préfet et du général de brigade. Il y a, dans la ville, de grands espaces non bâtis, des champs cultivés et des jardins en fleur, des places plantées de vieux arbres. Du côté de la mer s'étend un grand faubourg aux rues étroites, sales, nauséabondes, bordées de cactus dont les fleurs écarlates se mêlent à celles du fuchsia sauvage, de bouquets de *major convolvulus* et de hautes haies de bambous, lesquelles dans certains endroits rejoignent leurs branches supérieures et forment des arches ou des voûtes de verdure au-dessus du chemin. C'est le quartier des affaires. Un peu plus loin se montre le village d'An-ping, au pied des derniers vestiges du fort Zélaudia, où l'on débarque. » Taï-ouan-fou, autrefois très populeux, ne compte plus aujourd'hui qu'une population de 60 à 70.000 âmes.

Les autres ports sont Tà-kào, à 30 kilomètres environ au sud de la capitale ; Kiloung, à la pointe nord-est, important par le voisinage de gisements houillers ; Tamsoui, où sont les principales maisons de commerce et où résident les consuls étrangers. Dans l'intérieur de l'île, on rencontre quelques villes considérables, telles que Kaghi, Tchang-houa, dont la population rivalise avec celle de la capitale, Toua-tou-tia, grand centre pour la récolte, la préparation et l'emballage du thé, Banka, (Man-ka), où s'arrètent les grandes jonques.

II

Contrairement à l'opinion généralement admise par la plupart des géographes, qui croient que les Chinois n'ont connu l'existence de Formose qu'à partir du commencement du XVe siècle de notre ère, on peut affirmer, en s'appuyant sur le grand encyclopédiste Mâ-Touan-lin, l'Elisée Reclus chinois du XVe siècle, qu'en 605 et 606 deux expéditions chinoises furent dirigées avec succès contre l'île. L'erreur longtemps accréditée parmi les savants européens provient de ce que les Chinois ont désigné Formose jusqu'au XVe siècle sous le nom de Liéou-kiou, en inscrivant ce nom sur leurs anciennes cartes, dressées plus ou moins grossièment. Il est probable que de 666 à 1430, époque à laquelle Ouan-san-paò aurait, comme on l'a prétendu inexactement, découvert Formose, à la suite d'une tempête qui le jeta sur la côte, il y eut entre les Chinois et l'île d'autres rapports non mentionnés par les annales. Ce qui est hors

de doute, c'est qu'en 1564 il est question de Formose, où se serait retiré
un corsaire Lin-taô-kien, battu par la flotte chinoise. Formose était du
reste alors une terre inculte qui n'était habitée que par des sauvages. Vers
la fin de l'année 1620, une escadre japonaise y aborda, et l'officier qui la
commandait y établit une colonie. Quelques années plus tard les Hollandais y arrivèrent.

Dès les premières années du xv° siècle, les navigateurs européens
avaient pénétré dans les mers de Chine et des Indes. Les Portugais furent,
à partir de 1514, les pionniers de ces expéditions; une flotte portugaise
commandée par Andrade mouilla, en 1517, dans le port de Canton. Les
Espagnols, jaloux de ces résultats, ne tardèrent point à rivaliser avec
leurs voisins. Les découvertes de Magellan leur permirent de s'établir aux
Philippines. La réunion des deux couronnes de Portugal et d'Espagne sur
la tête de Philippe III, en 1580, semblait devoir assurer à ce dernier la
libre jouissance de cette puissance maritime lointaine, mais les Hollandais et les Anglais la lui disputèrent bientôt. Unis d'abord, les deux États
protestants s'efforcèrent de contre-balancer la suprématie commerciale
du Roi Catholique. En 1595, la Hollande envoie sous le commandement de
Cornélius Houtman une flotte à Bantam, puis à Java; et en 1602 se
fonde la compagnie hollandaise des Indes orientales. Les Anglais récla-
ment alors leur part de ces succès. Les Provinces-Unies la leur contestent,
et les alliés se retournent l'un contre l'autre.

En 1619, les Hollandais fondent Batavia; en 1622, la colonie batave,
consolidée par les victoires de Jan Pieterzoon Koen, quatrième gouverneur général des Indes orientales, dirige sous le commandement de Cor-
nelius Reyersz une attaque contre Macao, qui était aux mains des Portugais et constituait le premier coin enfoncé par eux dans le flanc du
colosse chinois. Cette expédition ne répond pas à l'attente des Hollandais,
qui vont s'emparer sans difficultés des Pescadores, négocient avec les
autorités chinoises et sont autorisés, s'ils quittent cette position, à se
retirer à Taï-ouan (Formose). Reyersz acquiesce à ces propositions, et l'île
habitée par des cheng-fou (sauvages) devient ainsi pour eux un entrepôt
commercial leur permettant de tenir en échec leurs rivaux, Portugais
et Espagnols, dans les mers de Chine et du Japon, en même temps qu'un
point stratégique favorisant admirablement leurs visées futures.

Le traité qui leur cède Formose date de 1624. Ils s'empressèrent d'y
construire les forts Zélandia et Provintia, et en peu de temps leur commerce y prit une grande extension. Les Japonais virent de mauvais œil
cette prospérité, et prétendirent avoir des droits sur l'île : ils soutinrent
qu'elle leur avait été offerte par les indigènes. Pour éviter une guerre, les
Hollandais envoyèrent à Yeddo Pieter Nuyts, qui fut plus tard gouverneur
de Formose et qui avait pour mission de négocier avec l'empereur du Japon.
On lui fit de vagues promesses, que l'on ne tint pas, et, lorsqu'il voulut
faire preuve d'autorité en saisissant les jonques japonaises qui avaient
abordé à Tai-ouan, il fut désavoué par le gouvernement de Batavia et
livré au Shogoun offensé (1630). Peu s'en fallut qu'il ne payât de la vie son
courage et sa témérité. On ne le relâcha qu'en 1647, mais les Hollandais
tirèrent de leur habileté ce profit qu'ils obtinrent le monopole du commerce de l'Occident avec le Japon, à l'exclusion des Portugais et des Espagnols. Ces derniers tâchèrent, sous le commandement de don Fernando
de Silva, gouverneur de Manille, de se rendre maîtres du nord de Formose,

où ils créèrent les établissements de Kiloung et de Tamsoui. Les Hollandais les sommèrent de quitter l'île et, sur leur refus, prirent les armes pour les déloger. Ils y parvinrent le 24 août 1642, après avoir assiégé Kiloung pendant six jours.

De graves événements se passaient à cette époque en Chine, où sévissait la guerre civile secondée par l'invasion étrangère. Les Tartares Mandchoux avaient franchi la grande muraille, renversé la dynastie des Mings et élevé sur le trône un de leurs souverains. L'usurpateur trouva cependant des adversaires. Un d'eux, de la province du Fou-kien, opposa une sérieuse résistance aux Tartares. Il s'appelait Tcheng-Tche-loung. Venu à Macao, où il avait été baptisé, puis parti pour le Japon, où il avait épousé une japonaise, il s'était, à la suite de nombreuses aventures, fait le champion du prince de T'ang, descendant des Mings, qui l'avait nommé amiral, et en cette qualité il avait par ses relations commerciales acquis une immense fortune et une flotte de plus de trois mille jonques. Son fils Tchieng-Koung, un prodige d'intelligence, fut en quelque sorte adopté par le prince de T'ang, qui l'anoblit en lui donnant le nom de Kouô-Singyé (Kok-Seng-ya) d'où l'on a fait Coshinga, Kosenga, et Koxinga.

Koxinga fut un héros épique. Il se déclara l'ennemi des Tartares, domina sur les mers et ravagea les côtes. En 1660 il tourna ses vues sur Formose. Il y arriva le 30 avril 1661, fit entrer sa flotte dans la baie, livra un combat sur terre et sur mer, obligea le fort Provintia à capituler et, en dépit de l'héroïque défense du fort Zélandia, le contraignit également à la reddition (1er février 1662). Ce fut la fin de la domination hollandaise. Koxinga forma un État souverain à Formose et projeta la soumission des Philippines. La mort l'arrêta dans ses projets de conquête (2 juillet 1662). Ses descendants continuèrent à régner à Formose jusqu'à la soumission de l'île par les Tartares (1683). Les Hollandais tentèrent de reprendre leur colonie de Taï-ouan, et l'amiral Balthazar Bort s'illustra dans ces circonstances; mais tous leurs efforts furent infructueux.

Grâce aux Tartares, Formose passa sous la domination chinoise et fut rattachée à la province de Fou-kien. Mais des révoltes y éclatèrent, les naturels haïssant les Chinois. Un aventurier polonais, Benyowski, serait peut-être parvenu à chasser ces derniers, avec l'aide d'un chef formosien Houa-pô, et il aurait sans aucun doute colonisé l'île en la transformant par des institutions civilisatrices, s'il n'avait cédé aux offres du duc d'Aiguillon, qui lui proposa au nom de Louis XV de réaliser ses projets et ses rêves à Madagascar. Formose resta donc à la Chine, mais les insurrections s'y renouvelèrent périodiquement. Elles servirent de prétexte pour décider le Japon à une expédition avec le dessein secret de prendre possession de l'île. Un bâtiment japonais ayant été pillé par les sauvages formosiens, en 1874, une flotte partit de Nangasaki. Les troupes japonaises débarquèrent à la baie de Lang-kiao, des combats eurent lieu, et les Japonais victorieux imposèrent leurs conditions à la Chine, qui les subit et paya une indemnité aux familles japonaises victimes de l'attentat commis par les Formosiens. Les Japonais évacuèrent l'île, mais ce ne fut, au vrai, qu'une suspension d'hostilités. Le Japon se prépara lentement à l'exécution de son plan occulte qui devait aboutir au coup d'éclat de 1894 et au traité de Simonosaki.

Charles Simond.

LES SAUVAGES DE FORMOSE [1]

I

LES ABORIGÈNES CIVILISÉS.

Les habitants actuels de Formose se divisent en trois grandes classes : les colons chinois (2), les aborigènes civilisés (*Sek'-houan, chéou-fan,* barbares mûrs ou *pépo-'houan,* sauvages de la plaine) et les sauvages non civilisés (*Tche-houan, cheng-fan,* barbares crus), qui sont les occupants de la chaîne centrale de l'île.

[1] Extrait (texte et gravures), avec l'autorisation gracieuse de l'éditeur, du beau volume *L'île Formose* par C. Imbault-Huart, avec introduction biblio-graphique par Henri Cordier (Paris, Ernest Levaux). M. P. Imbault-Huart, consul de France, est mort prématurément il y a quelques mois.

(2) Pour la plupart, les colons sont des gens de la province du Kouang-toung et de celle du Fou-kien, notamment des environs de Tsuan-tchéou et d'Amoy. Un grand nombre de familles, surtout parmi les classes adonnées à l'agricul-ture, sont établies dans l'île depuis plusieurs générations. Quelques-unes font remonter leur origine jusqu'au temps de Koxinga et prétendent descendre de soldats amenés par ce pirate redoutable à la conquête de l'île. Mais le plus grand nombre a émigré du continent depuis que l'île a été soumise par les Tartares.

Les *Sek'-houan* ou *aborigènes civilisés* (c'est-à-dire, plus exactement, soumis) sont communément connus sous le nom de Pépohouan défiguration des mots chinois *p'ing-pou-fan* « barbares de la plaine » parce qu'ils habitent la plaine, par opposition aux aborigènes qui demeurent dans les montagnes. Aujourd'hui cependant ils ne sont pas confinés aux plaines, et l'on peut dire qu'on

PAYSANNES DE LA PRAIRIE.
(PÉPO-'HOUAN.)

les trouve partout dans l'île, excepté dans la chaîne centrale. Ce sont les anciens habitants des grandes plaines situées le long de la côte : ceux de la partie occidentale semblent avoir possédé quelques éléments de civilisation avant l'arrivée des Chinois ; ils en reçurent aussi des ministres et maîtres d'école hollandais, et l'on dit que des milliers d'entre eux embrassèrent le christianisme. Quand les Hollandais furent expulsés par Koxinga, ils passèrent sous la domination des Chinois, qui les chassèrent de leurs riches terres cultivables et les poussèrent vers les montagnes. Ils habitent-là, dans les dernières plaines en leur possession, pressés d'un

VUE DE T'AÏ-OUAN-FOU ET DE SES ENVIRONS.

côté par les Chinois et exposés de l'autre aux attaques des aborigènes sauvages de l'intérieur. Ils ont fréquemment émigré pour se délivrer du voisinage désagréable des Chinois et des sauvages, et quelques-uns des leurs ont pénétré dans les montagnes ou sont établis dans les fertiles vallées de la côte orientale.

Les Pépo-'houan sont de grande taille, mais quelquefois peu solidement bâtis; ils ont la peau bronzée, les cheveux noirs, la bouche grande, les lèvres grosses, le nez légèrement aplati, mais plus aquilin que celui des Chinois; un des traits les plus frappants de leur physionomie, et qui s'aperçoit à première vue, c'est la largeur et l'éclat de leurs yeux prêtant au visage une expression de franchise absente chez les Chinois. On remarque d'ailleurs parmi eux une grande variété de types. Les femmes sont petites et bien proportionnées: quoique se mariant fort jeunes, elles ne paraissent pas se faner aussi prématurément que les femmes chinoises. Quelques-unes ont des traits réguliers et assez beaux: d'autres sont excessivement laides. Leur teint est « olive clair ». mais parfois noir comme celui des femmes malaises. Elles ont les yeux très grands, ronds, pleins, avec un iris du plus beau noir; yeux profonds et langoureux qui rappellent ceux des Espagnoles. Leurs pommettes sont saillantes, leurs lèvres plutôt grosses que minces. Pour le reste, elles ne diffèrent guère du type chinois; mais leurs beaux yeux les font reconnaître au premier coup d'œil. Simples, naïves et curieuses, ces femmes pépo n'ont rien de la pruderie affectée et souvent ridicule des femmes chinoises.

Quand ils sont parmi les Chinois, les hommes se rasent généralement la tête et portent la queue chinoise, mais chez eux ils laissent pousser leurs cheveux. Les femmes tressent quelquefois leur chevelure en une sorte de queue, mais, le plus souvent, la réunissent en une longue tresse qu'elles enroulent autour de la tête. Les hommes portent la tunique et les larges pantalons des Chinois et jettent fréquemment sur eux une grande pièce d'étoffe carrée dont deux coins sont noués au-dessus de l'épaule, ou à la nuque, ou encore sous le bras. Les femmes mettent également de larges pantalons et se couvrent d'une jaquette à larges manches. Un turban d'étoffe noire est la coiffure ordinaire des hommes pépo.

Les Pépo-'houan de la côte sont pour la plupart pêcheurs; leurs femmes fabriquent du sel en filtrant l'eau de mer à travers le sable et en la faisant bouillir. Ceux de l'intérieur sont adonnés à l'agriculture : beaucoup préfèrent la chasse. Ils sont excessivement pauvres, ayant hypothéqué leurs terres à leur mauvais génie, le Chinois, à qui ils ont à payer une sorte de dîme. Le riz est leur principale nourriture; ils y ajoutent quelques légumes et du poisson. Ils mangent de la façon la plus simple et ignorent l'usage des bâtonnets chinois : un plateau en bois plein de riz est placé sur le sol, et deux ou trois bols de légumes sont disposés autour. Toute la famille s'assoit alors par terre, et chacun, faisant de petites boules de riz avec ses doigts, se les introduit de la même manière dans la bouche. Les maisons des Pépo-'houan sont construites à la chinoise et bien souvent plus propres et mieux entretenues que celles des colons chinois. Les principales corvées sont faites par les femmes : elles portent de l'eau, concassent le riz' dans un mortier avec de longs pilons, ou travaillent aux champs. Chez elles, quand elles ne sont pas occupées par les devoirs du ménage, elles tissent des vêtements qu'elles bordent avec des cordons blancs-bleus, qu'elles obtiennent en effilant des étoffes de ces couleurs, étrangères ou chinoises.

Les Pépo-'houan sont braves, généreux et sûrs; l'hospitalité est une de leurs vertus. Malheureusement ils sont de nature nonchalante; ils vivent au jour le jour, sans souci de l'avenir; ils sont une proie facile aux Chinois intelligents, adroits et économes. Le Pépo-'houan aime à avoir un fusil, une femme, une vache, du sam-choué et parfois de l'opium; il trouve facilement un Chinois prêt à lui avancer de l'argent pour satisfaire ses goûts. Ses maisons et ses champs sont donnés en gage, hypothéqués. L'argent est rarement rendu, et le Chinois fait une bonne affaire en gardant les biens hypothéqués. Ainsi, pas à pas, les Pépo-'houan sont dépouillés de leurs propriétés et repoussés vers l'intérieur de l'île. Les pauvres gens ont conscience de leur faiblesse et du sort qui les attend fatalement, — l'extinction de leur race ou son annihilation par les Chinois, — mais ils n'ont ni organisation ni chef pour pouvoir résister. L'envahissement a lieu sous toutes les formes : leur ancienne religion fait place au culte des dieux lares chinois, et, dans beaucoup de maisons, les têtes des cerfs et des sangliers sont supplantées par les images grossièrement coloriées de génies plus ou moins fantastiques. Leurs vieux jeux, leurs vieilles chansons naïves font place au *sing-song* (1) discordant des Chinois. La mode même s'en mêle : voici que les femmes pépo adoptent peu à peu la coiffure des Chinoises, et, chose curieuse, quelques-unes en viennent à se torturer les pieds pour imiter les petits pieds des Chinoises, les « *Nénufars d'or* », comme les appellent les poètes du Céleste Empire, caractéristique de la beauté féminine.

Les Pépo-'houan de la partie occidentale de l'île occupent la région à demi montagneuse à l'est de Ta-Kaò et de T'aï-ouan-fou : là ils ont élevé un certain nombre de villages dont les plus importants sont Ban-Kim-seng, Aboukang, Bakia, Kawana, Se-Kouli. On estime cette population à environ cinq mille âmes (2).

(1) C'est ainsi qu'on appelle, en *pidgin-english* (qui est la *lingua franca* de l'Extrême-Orient), les représentations théâtrales des Chinois.

(2) La population totale de l'île Formose a été diversement évaluée par des observateurs étrangers. On l'a évaluée naguère à 3,000,000 d'âmes. Cette évaluation ne peut être qu'approximative, car le recensement des Chinois, s'il est fait d'une manière un peu complète, ce dont il est possible de douter, est

Les Pépo-'houan du nord de Formose s'intitulent eux-mêmes *Kabaran*. Repoussés par les colons chinois, ils se sont dirigés vers le nord-est et ont même descendu une partie de la côte orientale. où ils ont fondé des établissements prospères. Quatre mille des leurs habitent la vallée de Kapsoulan. S'ils réunissaient leurs for-

FEMME SAUVAGE, SA FILLE ET SA PETITE-FILLE.

ces, ils pourraient opposer une résistance sérieuse à l'invasion chinoise; mais ils sont divisés en clans, toujours en lutte les uns contre les autres, au lieu de s'unir contre l'ennemi commun. Dans cette partie de l'île, il y a souvent des querelles sanglantes entre les Pépo et les Chinois : ceux-ci ne perdent aucune occasion d'opprimer les premiers. Ils attaquent fréquemment les fermes riches

gardé comme un secret d'Etat au fond du yamen du Tao-Taï, et il est impossible de dire à quel chiffre s'élève la population des indigènes.

et bien situées, en tuent ou chassent les propriétaires et s'établissent à leur place. A leur tour, les malheureux Pépo se jettent sur

VUE PRISE DES HAUTEURS AU-DESSUS DU CONSULAT D'ANGLETERRE (HOU-OUEÏ OU TAMSOUÏ).

les sauvages montagnards et ne sont pas toujours vainqueurs. Ils descendent la côte orientale, fuyant devant l'invasion, et cherchent à acquérir de nouveaux territoires plus au sud de Sou-aò et de Houa-lien.

II

LES ABORIGÈNES NON CIVILISÉS.

Les *Tche-'houan* (*cheng-fan*, barbares crus), ou indigènes non civilisés, sont les premiers occupants du sol. Ils ont été peu à peu expulsés des plaines de la côte et repoussés dans les gorges désertes et les forêts profondes des montagnes centrales. En vertu de cette loi générale qui fait disparaître peu à peu les types bruts devant les types plus nobles, les sauvages devant les civilisés, ils ont été graduellement acculés et circonscrits dans une région plus étroite; leur nombre diminue d'année en année, et il arrivera fatalement un jour où leur race s'éteindra pour toujours. C'est là un fait universel : on sait, entre plusieurs exemples qui pourraient être cités, que les races noires des Philippines disparaissent, successivement absorbées tour à tour par la race jaune et la race blanche.

La contrée qu'ils habitent, inconnue des Chinois aussi bien que des étrangers, est très montagneuse et très boisée; les chaînes des hauteurs, s'entrecoupant les unes les autres, sont interrompues par des vallées encaissées et arrosées par des torrents impétueux. Il y existe peu de terres cultivées; la nature du sol même s'y oppose, outre l'aversion que le sauvage a pour les travaux des champs; il n'est pas agricole, il est plutôt chasseur par goût et par nécessité.

Ces sauvages sont beaucoup plus petits que les Pépo-'houan et leur semblent très inférieurs à tous les points de vue : leurs crânes ne sont pas aussi larges que ceux des Pépo, ni aussi oblongs que ceux des Chinois. Ils ont de gros cheveux droits, noir de jais, non coupés, mais réunis avec soin en un nœud disposé derrière la tête et retenu par une bande d'étoffe. Les oreilles des hommes sont percées de trous pour y passer des boucles d'oreilles très larges; les femmes en ont deux de même grandeur. On place dans ces trous des tubes de bambou creux et des enfilades de grains pareilles à des chapelets. Les femmes ont la taille courte et épaisse, les attaches disgracieuses et les gestes masculins. Leurs fronts sont généralement bas; l'expression manque d'intelligence. Ces sauvages ont tous un regard soupçonneux, sinistre, qui contraste singulièrement avec celui des Pépo, si franc, si honnête. Ils sont encore plus bas que les Pépo-'houan sur l'échelle de la civilisation. Les vers que Virgile a consacrés à la description des aborigènes trouvés par Enée en Italie peuvent s'appliquer avec raison aux sauvages de Formose :

> Gensque virûm truncis et duro robore nata,
> Quîs neque mos, neque cultus erat: nec jungere tauros

Aut componere opes nòrant, aut parcere parto,
Sed rami atque asper victu venatus alebat.
(Enéide, VIII, 315-318)

Là vivaient des mortels sans art, sans prévoyance,
Aussi durs que les troncs des chênes, leurs aïeux,
Ayant pour mets leur chasse ou quelques fruits pierreux.
(Trad. Delille.)

En ne tenant pas compte de quelques nuances légères, — résultat inévitable de latitudes, de nourritures, d'influences climatologiques différentes, — on retrouve dans cette caste de sauvages les types des Œtas ou Negritos del Monte (les Igorotes des Espagnols) aborigènes de Luçon, dont le caractère est complètement distinct de celui des Tagals ou habitants des plaines et de quelques tribus montagnardes de l'archipel malais (1).

*
* *

Le tatouage, très répandu chez toutes les nations sauvages, est en usage parmi les Tche-'houan; seulement il paraît être le même pour tous, tandis que chez les peuples de l'Océanie chaque insulaire a son *moko* ou dessin qui lui sert comme d'armoiries et qui rappelle son mérite individuel. Celui des hommes consiste en deux ou trois séries de courtes lignes (tatouées avec du bleu d'indigo), chacune ayant quatres lignes, sur le front et sur le menton. Celui qui a tué un Chinois et en a rapporté la tête en trophée a le droit de se faire tatouer la poitrine. Ce tatouage est composé de petites lignes parallèles unies par une ligne horizontale. Il n'est pas rare de rencontrer des sauvages ayant trente-cinq ou quarante lignes ainsi tracées. A l'âge de quinze ou seize ans, on trace deux ou trois séries de lignes sur le front des jeunes filles, et, quand elles sont mariées, on ajoute une série de quatre lignes parallèles qui part du milieu de la lèvre supérieure pour aboutir à l'angle supérieur de l'oreille, une seconde série de quatre qui court des coins de la bouche au centre des oreilles, et une troisième du centre du menton au lobe de l'oreille. Les espaces compris entre ces deux séries de lignes parallèles sont tatoués de lignes diagonales. Cette large bande de bleu sombre à travers le visage des femmes ajoute à leur laideur naturelle (2).

(1) D'ailleurs les dialectes formosiens, qu'ils soient parlés par les Pépo-'houan ou les Tche-'houan, offrent tous des analogies frappantes avec les langues malaises, analogies qui ne peuvent laisser aucun doute sur l'origine commune de ces peuples.

(2) L'appareil et les procédés de tatouage sont les suivants : un fragment de pin résineux embrasé dont on présente la flamme à un corps poli, sur lequel se dépose une couche épaisse de matière noire; un fil saupoudré de cette matière est destiné à être tendu par ses deux extrémités, pour indiquer le dessin sur la peau. Sur cette esquisse s'appuie la denture métallique d'une sorte de peigne dont les dents pénètrent la peau par la percussion d'un maillet. Un premier écoulement de sang est étanché avec un racloir en bambou, et, à ce moment, le doigt chargé de la fumée résineuse est promené sur la plaie par

Une particularité à noter parmi les hommes est l'absence des dents œillères, que l'on fait sauter, quand ils sont jeunes, vers

JEUNE PÉPO-'HOUAN DE BAN-KIM-SENG. (A L'EST DE TA-KAO.)

sept ou huit ans. Quelques-uns prétendent que cela ajoute à la beauté de l'individu.

un mouvement de friction. L'opération est à son terme; le sang s'arrête bientôt de lui-même, et la cicatrice apparaît d'une coloration bleue indélébile.

VUE DU LAC DES DRAGONS.

L'habillement des hommes ne consiste guère qu'en un langouti très primitif, c'est-à-dire une pièce d'étoffe enroulée autour des reins. Outre ce langouti indispensable, quelques sauvages portent un vêtement analogue à celui des Pépo-'houan. Les chefs et leurs familles se distinguent par une pièce d'étoffe carrée portée sur la poitrine, ornée de broderies de couleur faites de fils d'étoffes étrangères et parfois de disques d'or ou de glands de boutons de cuivre. Les chefs portent aussi souvent deux ou trois vêtements brodés sans manches et, de plus, une large pièce d'étoffe carrée jetée sur les épaules, comme le font les Pépo. Les bras et le cou sont ornés de colliers et de bracelets de coquilles. Les femmes sont vêtues d'un jupon très court et d'une jaquette sans manches faite de la même étoffe que celle des hommes et brodée de la même manière. Elles ont aussi des espèces de guêtres entourant le mollet. Dans la partie centrale de l'île, où il n'y a pas d'hiver, hommes et femmes ne prennent généralement aucun vêtement. Les femmes ne portent pas de chapeaux, et leurs cheveux, partagés par une raie au milieu de la tête, sont tressés en une natte enroulée derrière la nuque. Dans quelques parties de l'île, les sauvages ont pour coiffure des bonnets de peau de daim ou de bambou tressé.

Ces sauvages vivent principalement de la chasse des cerfs, qui abondent dans leurs forêts. Ils ont pour armes des lances ou des piques, des arcs et des flèches, des fusils à mèche qu'ils obtiennent des Chinois en échange de peaux de cerf. Chaque homme porte de plus, au côté, dans une gaine, un long et lourd couteau, indispensable compagnon qui sert à différents usages, aussi bien à dépecer un cerf ou un cochon qu'à trancher la tête à un Chinois. Des queues chinoises sont suspendues aux fers des lances ou aux gaines des couteaux. Dans leurs expéditions cynégétiques, ils bivouaquent à la nuit autour d'un feu, étendus en cercle sur des fagots d'herbes. Ils se servent de deux ou trois espèces de pièges pour prendre les cerfs. Ils rencontrent quelquefois des ours, dont ils vendent les pieds et la vessie du fiel aux Chinois, qui estiment cette dernière comme médecine. Le reste de l'ours est rôti en entier. Quelques sauvages cultivent les patates, les cocos, les arachides, les melons d'eau, dont les Chinois leur fournissent la graine, le tabac, qu'ils nomment *ta-ba-kou*, preuve évidente que cette plante a été introduite par les Hollandais ou les Espagnols. Les femmes et les enfants fument dans de petites pipes en bambou. Les sauvages font un commerce d'échange avec les Chinois : ils leur fournissent de la venaison, des cornes et des peaux de cerf, contre des lames de couteaux, des mousquets, du riz, de la poudre et du plomb, des poêlons de cuivre pour la cuisine, des étoffes teintes pour les effiler, du sel, etc. Ils emmanchent eux-mêmes les lames dans une courte branche de ratang.

Les huttes des sauvages sont simplement construites : deux poteaux sont fixés verticalement dans le sol ; de plus longs poteaux sont disposés en pente, de leur sommet jusqu'au sol. Une maîtresse poutre unit les deux poteaux verticaux ; sur ceux en pente on attache de gros bambous ou des ratangs et on recouvre le tout de grosses herbes sèches. L'entrée de la hutte est quelquefois si basse qu'il faut ramper pour y pénétrer. L'intérieur ne se compose que d'une seule pièce où l'occupant ne peut même pas se tenir debout. Au milieu se trouve le foyer, toujours allumé, noirci par la fumée, et formé de plusieurs pierres réunies ; la hutte n'ayant ni fenêtres ni cheminée, la fumée sort comme elle peut, mais ne paraît pas toutefois incommoder fort les sauvages. Le mobilier ne consiste qu'en quelques lits de bambou et deux ou trois paniers suspendus au toit ; souvent l'herbe répandue à terre sert de lit. Le poteau central de la hutte est orné des crânes des animaux tués à la chasse et qui sont noircis par la fumée. Au dehors on voit les ornements les plus chers aux sauvages : les queues et les crânes de leurs ennemis — des Chinois exécrés — suspendus au-dessus de l'entrée.

La nourriture des sauvages est très simple : elle se compose surtout de riz et de la chair des animaux tués à la chasse, tels que le sanglier et le daim, souvent à moitié cuite. Les mets sont placés sur un plateau de bois autour duquel toute la famille s'installe en cercle : point de fourchettes ni même de bâtonnets ; les sauvages mangent avec leurs doigts et se servent rarement de leurs couteaux, si ce n'est pour dépecer les grosses pièces. Ils font des potages avec l'eau dans laquelle ils ont fait cuire les patates et avec une espèce de fougère ; ce dernier ne laisse pas que d'être fort agréable au goût. Les fruits les plus magnifiques couvrent la *table* sauvage : ananas, bananes, oranges, mangues, pamplemousses, etc. Quant à la boisson, outre l'eau des torrents, claire et fraîche, qui est la plus ordinaire, les sauvages prisent au plus haut degré le *sam-chou*, eau-de-vie de grains distillée, que leur procurent les Chinois ; ces derniers ne se font pas faute de les enivrer à l'aide de ce breuvage et de leur arracher la permission de couper des camphriers dans de nouveaux territoires quand ils n'ont plus la tête à eux.

Ces sauvages ont un singulier mode de se jurer amitié : ils mettent leurs bras autour du cou l'un de l'autre, joignent leurs têtes et leur bouches, et boivent en même temps du sam-chou dans la même tasse. Cette cérémonie assure une amitié éternelle et une fidélité à toute épreuve. A cause de la nature querelleuse et traîtresse des sauvages, les étrangers qui s'aventurent à visiter leurs forêts et leurs repaires doivent, pour écarter tout danger, se soumettre à cette formalité peu agréable. Une autre méthode moins sûre consiste à manger du sel dans le même plat.

Le plus beau présent à faire aux sauvages, et celui qui ne manque jamais de vous attirer leurs bonnes grâces, est celui d'un cochon. Quand on veut faire une excursion dans les pays sauvages, il faut d'abord inviter à un festin quelques-uns des principaux chefs ou anciens des villages où l'on désire passer. A cet effet, on

GROUPE DE SAUVAGES DESCENDUS A POLÉ-SIA.

fixe un lieu de rendez-vous près des dernières maisons chinoises, à la lisière des forêts des camphriers : les invités arrivés, on fait cuire le cochon entier pendant un quart d'heure à peine, puis on le coupe en petits morceaux; rien n'est perdu. Les morceaux sont assemblés en piles, puis les chefs font une distribution équitable à tous les invités. Les plus affamés se hâtent de faire rôtir leur part et de l'avaler; les moins gourmands empaquettent avec soin la leur et l'emportent. Comme marque d'honneur spéciale, les chefs offrent au donateur, à l'amphytrion, un des meilleurs morceaux; le cadeau n'a rien d'agréable, surtout après avoir passé plusieurs fois entre les mains de ces bons sauvages, mais il faut

TÊTE DU SARACEN, A L'ENTRÉE DU PORT DE TA-KAO.

se garder de refuser le morceau ou de le passer à d'autres après l'avoir accepté, ce serait une grave offense pour le clan. Il est de toute nécessité de faire contre fortune bon cœur et de tâcher d'imiter Alexandre Dumas qui, à ce qu'il nous raconte, recevant une boulette de poisson mâché que venait de préparer à son intention son hôte musulman, trouva le moyen de la faire disparaître habilement dans sa manche tout en faisant semblant de la savourer.

Après le manger vient le boire : on a eu soin de faire apporter une grande jarre de sam-chou; les tasses circulent rapidement à la ronde, aussitôt vidées que remplies, et les fumées de cette forte eau-de-vie montant à la tête, les sauvages se lèvent comme inspirés, poussent des hurlements fanatiques et se livrent à une danse désordonnée autour des feux du camp. C'est la scène la plus pittoresque que l'on puisse voir, et un tel tableau ne saurait s'effacer de la mémoire de celui qui l'a contemplé une fois.

Quant à la manière d'enterrer les morts, ou plutôt de « s'en débarrasser », elle paraît différer notablement. Valentyn et Canidius, deux ministres protestants hollandais auteurs de description de Formose assez exactes, nous disent que les sauvages n'enterrent pas leur morts; ils font dessécher les corps à petit feu pendant neuf jours qu'ils emploient à danser et à boire autour du cadavre; puis ils les enveloppent de nattes et les placent sur une estrade dans un coin de la hutte; quand trois années se sont écoulées, ils ramassent ce qui reste, c'est-à-dire les os, et les enfouissent dans un endroit de leurs maisons. Les auteurs chinois affirment qu' « ils enterrent leurs morts sans cercueils; des amis aident à creuser un trou dans lequel le corps est simplement placé. Si le décès a lieu pendant la saison où ils sont occupés à planter ou à faire la moisson, ils suspendent le cadavre à deux poteaux, au bord d'un cours d'eau, et le laissent pourrir ainsi ». Les corps sont disposés *debout* ou *accroupis,* puis recouverts de terre : les objets chéris du défunt, son couteau, sa pipe, son mousquet, sont parfois suspendus à des branches devant la tombe; cette dernière coutume ne semble être en usage que dans le nord de l'île. Le deuil dure un mois et est observé par toute la tribu, qui ne travaille pas durant trois jours pleins; les parents les plus proches sont enfermés pendant ce laps de temps, et la nourriture leur est apportée et préparée par leurs amis du clan.

III

CROYANCES RELIGIEUSES.

Les croyances religieuses des aborigènes de Formose nous sont presque inconnues. Selon quelques-uns, ces sauvages croient à l'existence d'un Dieu créateur de toutes choses, et même à une existence future, mais comme ce renseignement nous est fourni par des voyageurs récents et des résidents actuels de Formose et que, dans les descriptions minutieuses des ministres hollandais, il nous est affirmé, au contraire, qu'ils ne croient point à un seul Dieu créateur du ciel et de la terre, nous supposons volontiers que cette idée est une des dernières traces des efforts tentés, il y a plus de deux siècles, par les Hollandais, pour convertir les insulaires au christianisme. Répandu alors par les ministres et les maîtres d'école hollandais, ce dogme aurait pris racine parmi les sauvages, aurait été pour ainsi dire assimilé par eux et se serait conservé jusqu'à nos jours par tradition. Les aborigènes, n'ayant ni écritures ni livres (1), ont pu, avec le temps, oublier l'origine étrangère de cette croyance et la considérer comme simplement indigène.

Les auteurs hollandais nous parlent de treize idoles que les Formosiens du temps avaient accoutumé d'adorer. Le premier et le chef de ces dieux, Jupiter au petit pied, est appelé, nous disent-ils, Tamagisangak, et réside dans la partie ouest du ciel; l'autre, une déesse, est sa femme, Takarœpada, habitante de la partie est. Ce sont les plus puissantes de toutes les divinités et, par suite, les plus vénérées. Si quelque guerre désole le pays ou s'il y a des maladies ou une famine, les sauvages disent que ces maux viennent de ce qu'ils ont négligé leurs devoirs en n'adorant pas convenablement ces dieux. Parmi les autres divinités, nous voyons figurer la déesse Teckaroupada, Cérès formosienne, à qui l'on offre des grains et des plantes; le dieu Tougittellagh est l'Épicure; sa femme Tagisikel est également adorée par les malades. Le dieu de la guerre, Mars, est Tapaliat, adoré par les soldats, etc.

Autant que le permettent les connaissances peu étendues que nous possédons sur les sauvages, on peut affirmer que la religion actuelle des aborigènes est le fétichisme, la première religion des hommes encore dans l'enfance de leur intelligence. Comme les sauvages d'Amérique, ils adorent les choses où l'action divine se manifeste le moins, de grossières idoles de bois qu'ils intitulent esprits des rivières, des forêts ou des montagnes, ou bien des poteaux couronnés d'une tête de cerf et enrubannés de guirlandes d'herbe et de fleurs sèches, etc. Avant de partir pour la chasse, ils ouvrent en deux une noix de bétel dans laquelle ils placent un grain *rouge* (cette couleur est indispensable) et, plaçant le tout sur la paume de la main, l'agitent vers le ciel en invoquant son aide et sa protection dans leur expédition; puis ils déposent la noix à terre et se mettent en campagne. Du temps des Hollandais, il

(1) Au plus bas degré de l'échelle de la civilisation, les sauvages de Formose n'ont pu imaginer le moyen d'écrire la langue qu'ils parlent; partant, ils ne possèdent ni livres ni littérature. Les maîtres d'école et les ministres hollandais s'étaient efforcés, au dix-septième siècle, de leur apprendre à fixer leur langue à l'aide de caractères ou lettres en usage en Europe. Mais leur nonchalance habituelle les empêcha toujours de faire de grands et réels progrès dans cette étude : ils ne purent jamais comprendre la nécessité de l'écriture et son utilité pour conserver ou propager les pensées. Les manuscrits que l'on a découverts parmi eux semblent toutefois indiquer qu'ils savaient encore écrire leur langue de la sorte plus d'un siècle après le départ des Hollandais, mais aujourd'hui ils ont oublié tout le peu qu'ils savaient, et la tradition ne paraît même pas avoir transmis de père en fils le souvenir de leurs anciens maîtres et de leurs premiers civilisateurs.

paraît qu'il y avait certaines prêtresses chargées de faire des
sacrifices aux dieux ou aux idoles, mais nous ne croyons pas qu'il
existe aujourd'hui un tel sacerdoce. Les aborigènes ne semblent
plus avoir de culte extérieur.

Les Formosiens sont très superstitieux et ne manquent pas de
se faire interpréter leurs songes par des gens prétendus habiles et
experts en cet art; le conseiller se borne généralement à recom-

FEMMES PÉPO-'HOUAN.

mander ou défendre, à celui qui l'interroge, l'action qu'il a en vue.
Hommes et femmes ont, en outre, une superstition « quotidienne »;
tous les matins, au point du jour, chacun se porte isolément au
travers du sentier, afin d'observer l'oiseau augural (un roitelet
noirâtre et fort commun sur les montagnes). L'oiseau isolé ou en
vol coupe-t-il obliquement la voie, l'augure est propice et les des-
seins projetés auront une heureuse issue. Mais si le trajet de l'oiseau est perpendiculaire ou parallèle au sentier, l'aborigène n'a
plus qu'à se blottir dans son habitation; le jour est gros de mal-

heurs, point de gibier ni de têtes chinoises; la femme hésite à des-

ÉTABLISSEMENTS DES ÉTRANGERS A KI-OU, VIS-A-VIS DE TA-KAO.

cendre à la fontaine, dans la crainte de rencontrer sur son chemin un reptile au venin mortel; on ajourne le tatouage, et l'on n'a garde de faire une demande de mariage. Les présages tirés de la direction qu'a suivie l'oiseau se trouvent corroborés, en bien ou en mal, lorsque celui-ci laisse entendre son chant confusément rythmé (1).

IV

ŒIL DE FAUCON.

En me promenant (2) sur les montagnes de Tamsoui, je regardais souvent dans la direction des hautes chaînes boisées de l'intérieur, région mystérieuse et inconnue habitée par les aborigènes. De diverses sources j'avais appris : 1° que quelques sauvages venaient à la lisière de leur domaine faire un commerce d'échange avec les Chinois; 2° qu'en conséquence des empiétements de ces derniers sur le bord des forêts, lorsqu'ils allaient à la recherche des camphriers, des rencontres avaient lieu fréquemment entre eux et les sauvages, ou plutôt que ces derniers surprenaient les Chinois, les tuaient quand ils étaient occupés à couper les arbres et emportaient leurs têtes en trophée; 3° que ces agissements ne sont pas toujours le fait des sauvages de l'endroit, mais celui des sauvages amenés de loin dans ce dessein; 4° que quiconque entrait dans les forêts sans en avoir prévenu préalablement les sauvages, courait le risque d'être tué.

Je partis de Tamsoui en chaloupe à vapeur et remontai la rivière jusqu'à Banko, où j'achetai quelques objets que je pensais de nature à pouvoir être offerts en présent. De Banko, je me dirigeai vers le sud et traversai la plaine pour entrer dans les montagnes à Sin-tiam. La situation de Sin-tiam est très jolie : à quelques centaines de mètres plus haut, la rivière n'est plus qu'un bruyant torrent de montagnes qui, après avoir passé sur un rapide, coule doucement devant le village, sur des rocs en saillie, semblables aux arcs-boutants d'une cathédrale, tandis que, derrière, les bois dont les collines sont couvertes forment comme un dais suspendu, que des petites vallées de bosquets de bambou coupent à diverses reprises.

Après avoir passé en bac les rapides, je traversai une région

(1) Grâce aux efforts des missionnaires catholiques et protestants, un certain nombre de Pépo-'houan ont été convertis au christianisme. Parmi ces apôtres de la civilisation, l'un des plus actifs fut le protestant hollandais Georges Canidius, au dix-septième siècle. La mission catholique de Formose (Espagnols et Français dominicains) compte aujourd'hui quatre résidences (T'aï-ouan-fou, Ta-Kaô, Son-ka, Ban-Kun-Seng, qui est la plus importante). Il existe également à Formose deux missions protestantes (dans l'ouest et le nord) qui se rattachent à l'Eglise presbytérienne anglaise et canadienne.

(2) Le récit de cette intéressante excursion, reproduit et traduit par M. Imbault-Huart dans son ouvrage, est dû à M. William Hancock, commissaire des adounes à Tamsoui. Le texte original est en anglais.

rocailleuse et inculte, submergée lors des grandes inondations, puis de nouveau la rivière, et, gravissant une colline de cent soixante mètres d'altitude consacrée tout entière à la culture du thé, je descendis dans une petite vallée demi-circulaire où se trouve le village de Kotchou.

Mon but était maintenant de découvrir un intermédiaire chinois et de le persuader de m'amener quelques indigènes : apprenant qu'on pourrait rencontrer un tel homme plus loin, je me mis en route pour sa chaumière, où j'arrivai après avoir escaladé une colliné très escarpée.

Je me mis immédiatement à négocier avec lui : il fut entendu qu'il m'amènerait quelques sauvages à qui je donnerais un festin de *cochon* arrosé de *sam-chou* (choses qu'ils goûtent le plus), à la maison d'échange sise auprès de la rivière. Marani changea alors ses vêtements, mit une tunique d'étoffe sauvage, à bandes rouges, s'attacha un coutelas à la ceinture, et se jeta autour du cou des colliers à grains colorés d'où pendaient les bourses de plomb et de poudre et tous les engins nécessaires au long mousquet qu'il avait décroché de sa muraille. Transformé en véritable sauvage, « OEil de Faucon », il alluma la mèche de son mousquet et partit : suivant un sentier sinueux, il disparut de l'autre côté de la montagne. Cela se passait le matin.

Vers cinq heures et demie de l'après-midi, un cri retentit à la porte de la chaumière où j'étais resté : « Ils viennent! » Sortant pour voir ce qu'il y avait, j'aperçus trois hommes et une jeune fille qui gravissaient lentement le sentier venant de la rivière; OEil de Faucon les avait précédés et avait déjà déposé son fusil. Comme la troupe montait, armée de piques (longs bambous à pointes de fer), les Chinois leur crièrent sur un ton impérieux de laisser ces armes en dehors, et elles furent, en effet, fichées en terre devant la porte. Deux des hommes étaient âgés : l'un était le chef; la jeune fille pouvait avoir environ vingt ans. Leurs vêtements étaient presque semblables. Les hommes portaient une longue pièce d'étoffe dont les bouts étaient liés en un nœud sur l'épaule, et laissée ouverte devant. Autour de la taille était une ceinture d'étoffe bleue, nouée également sur le devant. Leurs jambes étaient entièrement à découvert; ils portaient sur la tête une sorte de chapeau d'osier de couleur foncée, ayant à peu près la forme d'un bol renversé. La jeune fille était d'une stature un peu plus élevée, et, vue de face, avait l'aspect égyptien. Son habillement était semblable à celui des hommes, mais elle avait de plus une sorte de *sarang*, jupon indien non cousu, aux couleurs pittoresques, allant jusqu'aux genoux, et une paire de *mocassins* ou petites bottes indiennes. Comme le soleil baissait, et qu'il fallait traverser encore une fois la rivière, je partis après avoir fixé que les sauvages seraient amenés le lendemain à la maison d'échange au bord de l'eau.

Le lendemain, de bonne heure, la première chose à faire fut d'acheter un cochon; cela fait, je me dirigeai vers le débit de *sam-chou*, où un grand vase de terre fut placé sur le sol et rempli d'une telle quantité de cette liqueur que je m'en étonnai : « Ho! dit le Chinois, ce n'est rien; ils boivent cela comme de l'eau. » J'avouai que ce n'était pas la mort pour les sauvages, et je payai mon dollar, quoique j'eusse quelque scrupule de donner vingt-neuf *cotties* de sam-chou à quatre personnes. Arrivé au rendez-vous, j'y trouvai non seulement mes quatre amis du soir précédent, mais encore huit autres sauvages aux oreilles de qui était parvenue la

ABORIGÈNES NON CIVILISÉS.

noùvelle qu'on allait rôtir un cochon; de sorte que je pus inspecter et comparer douze sauvages.

Après un certain nombre de questions, j'ordonnai d'apporter le *sam-chou* et de le placer sur le sol, au centre. Ainsi fut fait, et des bols furent remplis dans le grand pot et passés à la ronde; les chefs et moi nous portâmes mutuellement des toasts. Il y avait deux chefs présents; quand ils burent, ils placèrent leur tête côte à côte, se mirent leurs bras autour du cou l'un de l'autre et burent en même temps à la même tasse. Quand nous eûmes passé quelque temps à discourir et à boire du *sam-chou*, je remarquai que les yeux de l'un des chefs ne quittaient plus la porte devant laquelle le malheureux cochon attendait son sort.

La carcasse dûment divisée, les *disjecta membra* furent déposés dans une grande chaudière de cuivre qu'on plaça sur le feu; deux

ou trois vieilles sorcières sauvages se chargèrent d'attiser le feu.
Enfin, le contenu fut sorti de la chaudière et dressé en pyramide.

JEUNE FILLE PÉPO-'HOUAN ET SA MÈRE.

que les sauvages, se pressant les uns contre les autres, attaquèrent
avec leurs mains : ce qu'ils ne purent manger sur le moment, ils
le mirent, les hommes dans leurs chapeaux, les femmes dans leur

scin. Comme le festin était fini, on entendit au dehors le cri : « En voilà encore qui viennent! »

Le 26 février, de bon matin, je me trouvai une fois de plus dans la chaumière d'OEil de Faucon, en train de me préparer pour l'expédition. Quatre sauvages avaient été amenés le jour précédent; deux (le chef et un autre) devaient me servir de guides, les deux autres devaient être retenus comme otages.

OEil de Faucon et les deux sauvages ayant chargé leurs mousquets et allumé les mèches, je bouclai une ceinture ornée d'un couteau de sauvage, mis mon fusil sur l'épaule, et nous partîmes au milieu d'une foule d'admirateurs. En tête marchait le chef, puis moi, OEil de Faucon et mon domestique; l'autre sauvage fermait la marche. Le chemin, circulant dans des endroits difficiles, devint aussitôt très escarpé et de plus en plus étroit : enfin, les jungles apparurent. Le chef siffla dans un sifflet de roseau et poussa une espèce de gémissement particulier et mélancolique qui résonna à travers la forêt. C'était un signal destiné à faire reconnaître des sauvages ceux qui entraient dans leur repaire.

Je me trouvai pour la première fois au sein de la forêt vierge : c'est une vue que l'on ne peut jamais oublier. De tous côtés, des arbres de toutes formes et de hauteurs variées, au feuillage épais, semblaient être jetés contre les coteaux de la montagne. Nous nous assîmes, et OEil de Faucon changea complètement son habillement; il revêtit un costume sauvage complet.

Notre chemin se dirigeait vers le haut de la rivière; nous eûmes à passer celle-ci à plusieurs reprises. D'abord, je fus transporté à bras de l'autre côté, puis, comme les autres, je finis par la traverser à pied.

Au moment de quitter les dernières traces de culture, un jeune Chinois, habitant de la propre maison d'OEil de Faucon et personnellement connu de ces sauvages, avait été autorisé à faire partie de l'expédition; mais quand nous nous fûmes assis, ce jeune homme partit lui-même en avant et disparut tout à coup à nos yeux. Le sauvage qui était resté avec nous courut sur-le-champ après lui et le rappela en toute hâte, parce que, me dit OEil de Faucon, il aurait été presque certainement tué, s'il avait rencontré par hasard des sauvages ignorant notre arrivée. Cet incident montre la nature prudente de ce peuple.

Enfin, on entendit un appel éloigné du chef, et l'autre sauvage me conduisit en avant.

Après la longue course du matin sur des souches d'arbres et des pierres, je n'étais pas fâché de me reposer. La hutte dans laquelle je me trouvais, exemple de ce qu'étaient toutes les autres, paraissait être de l'espèce la plus grossière. L'entrée en était si petite que c'était tâche malaisée que de pénétrer dans l'intérieur; les murs consistaient en branches d'arbres enfoncées dans le sol à quelques pouces l'une de l'autre, des morceaux de bois remplissant les interstices; le toit était couvert de chaume. Dans un coin il y avait une légère dépression du sol qui servait de foyer; des bûches y étaient placées bout à bout et poussées constamment plus loin au fur et à mesure qu'elles se consumaient. Tout le village y était réuni en foule : femmes, jeunes filles et enfants de toute taille. Les hommes, à l'exception de ceux dont j'ai fait mention, étaient absents pour une expédition de chasse depuis plusieurs jours. Au toit étaient appendus divers objets nécessaires à la chasse : arcs, flèches et des peaux de cerf, outre divers ustensiles de ménage des plus grossiers.

Je mangeai un morceau, puis j'errai parmi les autres huttes : partout l'on me reçut bien.

Tous fumaient, depuis les plus jeunes jusqu'aux plus âgés des deux sexes, et c'était chose risible que de voir des petits enfants de moins de trois étés, entièrement nus, avec une pipe à la bouche; sous ce rapport, cependant, ils sont dépassés par les indigènes des îles Matabello (archipel malais), qui fument des cigares avant que d'être sevrés.

Les femmes et les filles portent leurs pipes enfoncées dans leur chevelure et suspendent à leur cou les blagues à tabac; elles m'offrirent à l'instant de quoi fumer. Quelques-unes jouaient d'une curieuse espèce de guimbarde ou mauvaise guitare faite de branches de bambou avec des fils à chaque bout, tandis que dansait une jeune fille d'environ seize ans. Cette danse n'était ni un fandango, ni un boléro, ni même un menuet, mais ressemblait à tous les trois. Elle était toutefois si grotesque que je ne pus m'empêcher de rire à gorge déployée. Dès qu'elles eurent fini, les jeunes filles vinrent à moi et me firent signe de danser en m'offrant la guimbarde. La harpe était déjà un mystère suffisant pour moi, mais quand j'y joignis le menuet, le tableau fut complet; mes auditeurs se jetèrent par terre en se tordant de rire.

De cette représentation je passai à une scène d'un caractère un peu différent; à quelques mètres plus loin, sur le bord d'un sentier, j'aperçus une sorte d'échafaud en branches de camphrier sur lequel reposait une rangée de crânes humains à l'aspect grimaçant; c'étaient les têtes des Chinois tués dans les diverses expéditions des sauvages.

Nous revînmes par une route différente; s'il ne s'y trouvait pas de torrents à passer à gué, il y avait quelque chose de pire encore. Il fallait traverser des ravins profonds sur des troncs d'arbres gluants et glissants. Nous circulâmes ensuite à travers des lits de rivières où la végétation était surchargée d'humidité. Comme la première fois, le chef sauvage marchait en tête et les échos répétaient son cri plaintif. Tout à coup, le reste de la troupe se joignit à cet appel et l'on me dit que nous approchions

.d'unrepaire de sauvages ; nous passâmes tout près de celui-ci.

J'avais été assez ennuyé de toujours voir le chef persister à aller en tête, mais j'appris ensuite qu'il n'avait agi ainsi que pour être en garde contre toute surprise. Vers six heures du soir, nous atteignîmes les chaumières après une excursion fort intéressante ; comme les pauvres gens aimèrent mieux emporter chez eux le cochon et le *sam-chou*, j'y consentis, et, après leur avoir distribué quelques présents, pris congé d'eux.

L'impression laissée dans mon esprit était confuse et assez triste : j'avais été parmi un peuple dont les jours sont comptés, un peuple au caractère aimable d'apparence, dont la nature ne semble pas propre aux travaux méthodiques des nations civilisées, dont l'ignorance et la simplicité sont telles qu'il échange ses nobles forêts contre de l'eau-de-vie et qu'il est la dupe constante d'un voisin peu scrupuleux et âpre au gain : sans amis, sans secours, sans sympathies, ce sont les enfants de l'heure actuelle !

C. Imbault-Huart.

GROUPE D'ABORIGÈNES NON CIVILISÉS.

Le gérant : J. Bourdel. — Paris, typ. de E. Plon, Nourrit et Cie, 4198.